Ich wollte doch nur glücklich sein

Ich wollte doch nur glücklich sein

Maria Kropp

Bibliografische Information der Deutschen Nationalbibliothek: Die Deutsche Nationalbibliothek verzeichnet diese Publikation in der Deutschen Nationalbibliografie; detaillierte bibliografische Daten sind im Internet über dnb.dnb.de abrufbar.

© 2023 Maria Kropp

Herstellung und Verlag: BoD – Books on Demand, Norderstedt

ISBN: 9783734742743

Wie alles begann

Kennengelernt haben wir uns im Jahr 2015. Ich lernte durch einen Zufall seine Ex Frau in Facebook kennen.

Man hat gemerkt das wir die gleichen Interessen haben, wie die Fitness zum Beispiel. Wir haben uns auch schnell für den nächsten Abend verabredet.

Meine Freundin erzählte viel aus Ihrem Leben, Ihre Ehe und den Unerfüllten Kinderwunsch, den die beiden zu dem Zeitpunkt hatten.

Ich lernte auch an dem Abend Ihren Ex Mann kennen, wo man schon merkte das er eine leichte Psychische Störung hat. Aber es sollte ja nicht zu meinem Problem werden, schließlich war es Ihre Ehe und nicht meine.

Wir haben in der Anfangszeit viel gemeinsam gemacht, gekocht, gefeiert und sind zum Fitness gegangen.

Ich war zudem Zeitpunkt selbst noch verheiratet, war aber Ihre Ehe etwas erschrocken, wie sie mit Ihm sprach und vor allem behandelte.

Ich habe auch rausgefunden, dass sie schon lange einen neuen Partner hatte, der Ihren langersehnten Kinderwunsch erfüllen sollte.

Was aber nicht so sein sollte.

Meine Ehe ging immer weiter kaputt und ich fühlte mich immer mehr zu Lukas hingezogen.

Ich habe lange überlegt und es seiner ex erzählt, wie ich auf ihrem Ex stehe. Sie war nicht gerade überrascht und sagte noch zu mir, dass sie es völlig in Ordnung findet. Nur war ich auch hin und hergerissen, ich war ja noch verheiratet, wie sollte ich meine Ehe denn nun beenden, schließlich habe ich ja noch zwei Kinder.

Mein Ex Mann hat es mitbekommen und mich natürlich vor die Wahl gestellt, nur was sollte ich tun?

Ich entschied mich dann, mehr Zeit mit Lukas zu verbringen, um herauszufinden, was mein Herz will. Die Ehe oder eine neue Beziehung?

Ich fing dann an, mich mit Lukas zu treffen. Allein auch zu wissen, ob es dann doch das richtige ist.

Wir haben alles gemacht, sind weiter zum Sport gegangen, waren abends in Kneipen was trinken oder Bekannte besucht, wo man doch etwas ungestört sein könnte.

Aber ich wollte auch meine Familie nicht verlieren, also habe ich den Kontakt zu Lukas aufs Eis gelegt.

Dann kam jedoch mein Geburtstag, eigentlich ein Tag der Wunderschön sein sollte, feiern mit Freunden und den Abend genießen. Seine Ex Manu war auch da, wir lachten und hatten den größten Spaß überhaupt.

Lukas kam gegen 1 Uhr, um Manu abzuholen, sie hat sich sehr abgeschossen, und haben Lukas gebeten keinen Mist zu bauen.

Wir feierten alle weiter, bis mich eine WhatsApp von Manu erreichte, dass wir Ihr helfen sollen, da Lukas sie geschlagen und vergewaltigt hätte. Lange zögerten wir auch alle nicht und haben uns ins Auto gesetzt und sind die 30km zu Ihr hin.

Sie schrieb wir am besten ins Haus kommen, damit Lukas nichts mitbekommt. Dann ging alles so schnell. Der damalige Freund meiner Nichte, er stürzte sich auf Lukas und schlug Ihn heftig gegen den Kopf.

Ich nahm Manu mit in die Küche, ich hörte noch, wie mein Ex Mann Lukas mitteilte, er möchte mich in Ruhe lassen.

Die Polizei und ein RTW kam sehr schnell zum Haus, wir erklärten den Beamten alles, wie es angefangen hat und wie uns die Nachricht erreicht hat.

Manu wurde im RTW versorgt, sollte aber zum Gynäkologischen Untersuchung in die Klinik, sie verneinte es und bat uns sie mitzunehmen.

Nach zwei langen Stunden waren wir zuhause, ich blockierte Lukas überall und versuchte ihn zu vergessen.

Lange knabberte ich an mir herum und schrieb nach zwei Tagen Lukas, um zu wissen, wie es Ihm geht. Er teilte mir mit, dass seine Eltern in ein paar Tagen kommen, um Ihn mit nach Köln zu nehmen. Also zog er weg, ohne mit mir zu reden, ohne mit mir den Vorfall zu besprechen.

Ich lebte also mein Leben weiter, fing an zu trinken und habe Manu die Zeit ertragen die sie bei mir Wohnte.

Lukas und ich haben jeden Tag geschrieben, auch um uns besser kennenzulernen.

Meine Ehe zerbrach immer mehr. Bis mein Ex Mann mich in der Psychiatrie einwiesen ließ.

Ich sollte dortbleiben, bis ich weiß, was ich möchte. Aber wie soll man es herausfinden? Mein Ex hat sich sehr viel Mühe gegeben, hat nie aufgehört um mich zu Kämpfen.

Lukas meinte er würde an einem Montag kommen, mich besuchen. Er schrieb mir, dass er eine Wohnung für uns hätte, seine Eltern im Besitz von zwei Häusern wären, und eins davon Ihm gehört, welches er vermietet hätte.

Ich war so Blind und glaubte alles, was er sagte, auch Blind vor Liebe.

Lukas kam tatsächlich auf einem Montag, ich habe mich aus der Klinik entlassen und habe am Abend meine Ehe beendet, auch aus dem Grund, wieder Glück verspüren zu dürfen.

Der erste Neuanfang

Lukas und ich fuhren nach Köln, er meinte wir schlafen bei seinen Eltern, die aber noch nicht Bescheid wussten, da keiner an das Telefon gegangen ist.

Die Fahrt dauerte stunden, ich war müde und habe Unterwegs geschlafen. Irgendwann hat mich Lukas geweckt und mir die Gegend gezeigt, wo er überall mit Manu gewohnt hatte, war sehr interessant zu sehen, wie schön Dörfer sein können.

Wir waren um sechs Uhr morgens angekommen, ich stieg aus dem Auto und sah von weitem seine Eltern. Mir war das ganze sehr unangenehm.

Auch das seine Mutter sehr schockiert war uns meinte wir sollten rein gehen, wenn sie wieder da ist, gibt es ein Gespräch.

Ich war dankbar ein Bad zu sehen, ich habe mir klares Wasser ins Gesicht laufen lassen, und einen Moment die Augen verschlossen, es fühlte sich wie in einen Traum an.

Als ich ins Zimmer wollte, hörte ich wie seine Mutter sehr laut geredet hat, warum alle von einer neuen Beziehung wussten, nur seine Eltern nicht, ob es Lukas wohl peinlich wäre?

Sie beendete das Gespräch und bat uns erstmal zu schlafen.

Ich kuschelte mich in Lukas seine Arme und schlief sofort ein.

Die Uhr war mittags, als ich wach wurde, Lukas wurde auch wach und ging wortlos nach unten, um mir einen Kaffee zu kochen.

Nach meiner Tasse Kaffee habe ich mich geduscht und bin langsam nach unten gegangen, wo seine Mutter schon das Essen vorbereitet hatte. Ich habe mich vorgestellt und gefragt, ob sie eventuell Hilfe benötigt bei den Vorbereitungen.

Sie musterte mich von oben bis unten, und stellte mir ein paar fragen, wie Mütter nun mal so sind.

Essen gab es, wo sein Vater von der Arbeit kam, ich habe viel berichtet, über meine Heimat, meine Kinder und meine Ehe.

Es wurde viel gestritten, da Lukas sich einen Job suchen soll, und nicht lange auf der Tasche seiner Eltern leben sollte, war ja auch verständlich.

Sein Cousin hat die Situation mitbekommen und bat Lukas um ein Gespräch, unter einem Vorwand, einen Probearbeitstag in der Nachtschicht zu haben, fuhr er weg.

Ich wusste das es nicht stimmt, aber frage mich, wieso man seine Eltern so belügen musste, dabei sah seine Mutter so glücklich aus.

Lukas kam um drei Uhr in der Nacht nach Hause, wollte mir aber nie davon berichten, was an den Abend gesprochen wurde.

In der ersten Woche lernte ich seine Familie kennen, es waren alle so liebevoll und herzlich.

Ich habe auch in der Zeit mein eigenes Konto eröffnet, da ich schon wohl innerlich wusste, dass ich wohl nie wieder zurück gehen werde.

Ich spürte die Negative Energie bei ihm zuhause. Seine Eltern baten uns zu gehen.

Wir haben meine Koffer gepackt, und sind am nächsten Morgen zurück in meine Heimat gefahren.

Meine kurze Zeit zuhause

Es war ein komisches Gefühl wieder zuhause zu sein, aber ich habe mich sehr gefreut meine Kinder wiederzusehen.

Der Streit mit meinem Ex Mann wurde auch nie besser, auch klebte Manu immer noch in meiner Wohnung. Ich dachte sie zieht nie aus.

Lukas kam meistens abends um mit mir was zu Unternehmen, Manu sprach, als ob nie was gewesen ist, wo war denn da das Vergewaltigungsopfer? Hat es jeweils einen Vorfall gegeben? Das wusste nur keiner.

Irgendwann ist Manu ausgezogen, zog Lukas aber immer wieder in Ihrem Alltag mit rein, wo ich dachte ich bin in einem falschen Film. Lukas fing an immer mehr Manu anzulügen und sprach in einem Aggressiven Ton mit ihr. Ich bat Lukas bitte höflich zu bleiben, sowas wäre nicht in Ordnung. Ich habe mich gefragt, tat ich das richtige?

Lukas lebte weiterhin im Haus, welches er mit Manu hatte, ich habe ihn geholfen die Räume zu streichen, da er mich immer wieder belogen hatte, er wäre fertig geworden.

Selbst da wurde ich nicht wach.

Es kam der Tag, wo mein Ex mich rausgeworfen hat, aber wo sollte ich hin? Lukas rief in der Not seine Mutter an, wir durften kommen.

Sollten aber innerhalb zwei Wochen eine Wohnung finden, da es auf Dauer keine Lösung wäre.

Wir zeigten uns Einverstanden. Seine Mutter bat uns die Nacht noch zu schlafen, um nicht übermüdet die lange Fahrt anzutreten.

Meine Freundin, wo ich wusste ich kann mich immer auf sie verlassen, konnten wir die Nacht schlafen.

Am nächsten Morgen brachen wir dann auf.

Das erste Jahr

Als wir ankamen, richtete ich mich ein, auch wenn es nur für zwei Wochen sind.

Wir haben intensiv gesucht, und in einem Dorf eine Wohnung gefunden, aber seine Mutter wollte wohl nicht das wir ausziehen.

Es wurde uns förmlich ausgeredet, kein Job aber eine Wohnung, es wäre ja nicht machbar.

Lukas absolvierte einen Kurs für den Sicherheitsbereich, und ging dann endlich eine Vollzeit stelle nach.

Ich merkte, wie seine Mutter ihn das ganze Geld abzwackte, ich finanzierte Lukas mit. Merkte alles

so spät, dass ich ausgenutzt wurde, um Lukas ein
Leben zu geben, was er wohl nie hatte.

Alles änderte sich, ich fing auch an zu arbeiten,
verdiente endlich mein eigenes Geld. Ich fing in der
Firma an wo Lukas auch tätig war. Es war praktisch,
wir konnten die dienste gemeinsam stemmen, aber
getrennte Objekte.

Mein Job war das Beste, was ich machen konnte, ich
habe endlich einen Ausgleich gefunden.

Lukas machte mich mit Gerry bekannt, einen Arbeitskollegen von Ihm. Ich habe mir nie was dabei gedacht, aber Gerry wollte viel mehr als Arbeitskollegen sein, somit erlebte ich 2016 meinen sexuellen Übergriff.

Lukas war sehr sauer, verständlich. Aber auf meine bitte hin zu schweigen, es keinem zu sagen, scheiterte.

Das ganze Objekt wusste schnell bescheid. Meine Konsequenz? Meine fristlose Kündigung.

Ich konnte nie mit seiner Mutter darüber reden, wie soll es sich den anhören? Würde sie mir die Schuld dafür geben?

Sie schickte mich zu einem Anwalt, angeblich der Beste, den sie persönlich kennt.

Aber der Anwalt hat mein Leben damit weiter zerstört, sowie auch Lukas, der anfing nur zu lügen. Ich fand in seinem Messenger Account Nachrichten wie er Kolleginnen bittet für ihn einzukaufen, nur ich dachte mir noch nichts dabei.

Lukas fing an überall auf der Arbeit zu erzählen, ich sei schwanger und würden einen Sohn bekommen.

Dabei war ich nicht mal schwanger, aber ich fühlte nur das, was nicht stimmen könnte.

Ich machte abends einen Schwangerschaftstest, und er war positiv, aber Lukas sollte Unfruchtbar sein.

Kurze Zeit später, kamen auch meine Kinder nach Köln, es schien doch alles perfekt.

Nur wartete der nächste Schock auf mich. Meine Kinder sollten misshandelt worden sein. Aber von wem? Ich stellte mir jeden Tag dieselben Fragen, war es Lukas? Der mir beteuerte nichts davon zu wissen?

Nur raus finden werden wir es niemals.

25

Die erste Wohnung

Im April 2017 haben wir unsere erste Wohnung bezogen. Lukas hat als Baggerfahrer gearbeitet bei einer Müll Umladestation.

Es klang zukunftssicher, aber aus Irgendeinen Grund wurde er gekündigt.

Ich bin mit Ihm zur Firma seine Sachen abholen. Ich habe mich gewundert, wieso er eine Prepaid karte besitzt, wenn er doch einen Vertrag hat.

Auch da wurde ich wieder belogen, sein Chef hat diese gekauft und aufgeladen, nur ich glaubte alles, was er sagte.

Er telefonierte auch mit der Karte, seine fake anrufe die er sich selbst eingestellt hat, auch echte, aber mit wem weiß ich nicht.

Mir ging es in der Schwangerschaft immer schlechter, ich bekam schmerzen, gewann eine Nacht im Krankenhaus zur Überwachung.

Was er an diesem Abend allein getrieben hat, können wir rätseln.

Aber ich dachte immer noch an die Perfekte Beziehung. Warum weiß ich bis heute nicht.

Aber wir hatten doch die Schöne Wohnung, die Kinder und bald ein Baby, es soll doch alles perfekt sein.

Lukas bemühte sich kaum um eine neue Arbeit, seine Mutter setzte mich damit schon unter Druck, warum ich Lukas nicht in den Hintern trete, es war doch schließlich meine Aufgabe dafür zu sorgen das mein Freund eine Arbeit findet.

Ich kümmerte mich aber lieber um die Wohnung, den Einkauf und die Kinder. Lukas war alt genug.

Er bekam aber schnell eine neue Arbeit, bei einem Bekannten, den er noch von damals kannte. Ich habe gedacht, jetzt wird alles besser, aber so blöd durfte ja nur ich sein.

Wie es zerbrach

Lukas arbeitete viel, zwar auch auf Probe, aber ich war stolz, endlich meine Hausfrauen Qualitäten unter Beweis zu stellen.

Er ging morgens aus dem Haus und kam spät wieder nach Hause.

Meine Schwangerschaft stellte meine Launen auf eine harte Probe, Lukas dachte nur an den Sex, drängte mich mit ihm zu schlafen.

Ich konnte nicht, und hatte Irgendwann gesagt, er solle sich doch bitte eine suchen die für Ihn die Beine breit machen soll, aber ich kann nicht mit Ihm schlafen.

Er wurde immer aggressiver mir gegenüber, fing auch an sich ganz komisch zu verhalten, sowas habe ich nicht mal bei meinem Ex Mann erlebt.

Ich habe ihn auch selten auf der Arbeit erreicht, er erzählte mir er sei in Siegen oder Frankfurt am Arbeiten, aber ich merkte schnell, dass er mich belogen hat.

Der geplante Kaiserschnitt rückte immer näher, aber Lukas war mit seinem Handy beschäftigt.

Meine Eltern machten sich die Mühe aus dem Norden nach Köln zu kommen, um mich nach der Geburt zu unterstützen, damit Lukas arbeiten gehen konnte.

Ich habe einen gesunden Sohn zur Welt gebracht, ich war so glücklich. Lukas war zwar glücklich, aber anscheinend nicht mit mir.

Er war zwar immer im Krankenhaus gewesen, aber das Handy war zu wichtig statt alles andere.

Ich bekam nachts ein Foto im halbnackten Zustand geschickt mit einem Gute Nacht Gruß. Aber ich konnte es mir denken, dass es wohl auch andere bekommen haben. Ich kannte Lukas nicht so.

Entlassen habe ich mich am zweiten Tag, Lukas holte uns ab, und wir sind nach Hause.

Aber es stimmte was nicht, den sechs Tage nach der Geburt wollte ich Kondome kaufen, um für den Fall was zuhause zu haben.

Aber Lukas musterte mich und meinte, ob es tatsächlich mein Ernst wäre, ja warum denn nicht?

Der sex war nicht sonderlich, Lukas war nicht anwesend. Hat er da an einer anderen Gedacht? Hat er mir was zu sagen?

Aber die Zeit danach sollte mir signalisieren, dass mehr sein wird als was er mir sagt.

Ich habe ihn immer vertraut, aber warum muss man mich belügen? Oder betrügen? Warum lässt er es nicht sein. Seine Mutter war immer der Meinung es liegt an mir, dass er so ist.

Warum immer die Frauen?

Meine Launen gingen immer mehr in den Keller, ich war ausgelastet mit drei Kindern, war auch mal krätzig, aber welche Frau ist das nicht? Man hat grad ein Kind bekommen.

Ich hatte damals noch eine Familienhilfe, die auch versucht hat, mich zu animieren mehr zu Unternehmen, zum Beispiel auch in dem Schwimmbad. Warum auch nicht, Lukas war eh nur den ganzen Tag am Arbeiten.

Drei Tage später fuhr mich die Familienhilfe ins Schwimmbad, ich weiß noch ganz genau, es war ein Freitag in Juli, das Wetter war brennend heiß, ich hatte Angst um den kleinen Wurm.

Ich schrieb Lukas, wie so die Lage bei ihm ist, er meinte einen Wasserrohrbruch, den er aufmachen sollte, und gegeben falls ein neues Rohr verlegen sollte, nun können wir alle zweideutig denken, aber ich habe es damals nicht gekonnt.

Lukas meinte es würde bis in die Ewigkeit dauern, aber komischerweise kam er dann gegen 16 Uhr, um uns abzuholen.

Warum zum Geier war er so aggressiv? Ich durfte Ihn keine Frage stellen, er wurde gleich extrem motzig.

Irgendwann habe ich meinen Mund gehalten, es bringt auch nichts, wenn ich da jetzt diskutiere.

Wir sind dann nach Hause, wo ich angefangen habe das Essen vorzubereiten, aber Lukas nutzte die Gelegenheit sich am Handy zu beschäftigen. Ich habe nur geschwiegen, bevor er wieder tobt, und behauptet ich Lüge nur.

Das war immer typisch für Lukas, ich wäre die Furie und nur am Lügen, aber die Wahrheit hat er nie verkraftet.

Seine Mutter konnte ich auch nicht darauf ansprechen, es hieß immer, Lukas war schon immer so.

Komplimente habe ich auch nie mehr bekommen, ich war nur das Dickes, und nerviges Etwas für Lukas, ein Mittel zum Zweck, eine gute finanzielle Stütze.

Lukas schien glücklich zu sein, aber wohl nicht mehr mit mir, da er sich seit der Geburt so komisch verhalten hat.

Wir haben auch getrennt geschlafen, damit er nachts nicht wach wurde, wenn das Baby schrie, sondern ausgeruht zur Arbeit konnte.

Alle haben mich schon gewarnt, ich sollte mich endlich von Ihm trennen, aber ich konnte nicht, ich liebte Ihn doch.

Meine gute Freundin aus der alten Heimat schrieb mir, sie wäre das kommende Wochenende in meiner Nähe, zusammen mit Ihrem Mann und Ihrer Schwiegermutter. Da die Schwiegermutter ein Klassentreffen dort hatte, ob es nicht möglich wäre, dass wir uns dort treffen, und sie endlich den kleinen kennenlernen könnte. Ich sagte sofort zu.

Lukas klang nicht begeistert, wollte mir verbieten zusammen mit dem kleinen dahinzufahren. Ich wollte Lukas nicht dabeihaben, aber willigte dann doch ein.

Es kam der Freitag, im Juli. Meine Große war mit seiner Mutter unterwegs, und Lukas war arbeiten, angeblich wieder einen Rohrbruch.

Wenn ich heute noch daran denke, kommt es mir wie gestern vor, seine Worte und seine zittrige Stimme.

Lukas meinte es könnte sehr spät werden, er rechnet mit 20Uhr, im Lügen war er eh immer ein Weltmeister. Ich habe mir auch nie was dabei gedacht, warum denn auch? Es sollte laut seiner Mutter normal sein.

Man lernt nur sich damit abzufinden.

Er kam aber früher nach Hause, ich lud den kleinen im Maxi Cosi ins Auto, und sind mit den Kindern zum Burger King gefahren essen.

Lukas, ging immer öfters ans Handy. Blieb auch sogar länger draußen zum Rauchen wie früher.

Ich kümmerte mich um die Kinder, damit sie ins Bett konnten, um für die Fahrt am Samstag ausgeschlafen zu sein.

Es war sehr merkwürdig, dass Lukas anfing, meine Nähe zu suchen, wir schliefen auch miteinander, aber es war anders als sonst.

Wir sind am Samstag sehr früh losgefahren, es waren gute zwei Stunden mit dem Auto, mit vielen Pausen, denn mit Baby alles andere als einfach.

Meine Freundin freute sich riesig, uns zu sehen, wir haben uns ein Café gesucht, wo wir alle sitzen konnten. Das Wetter war sehr heiß. Die Mädchen waren lieb, meine Freundin gab uns Geschenke für den kleinen und war mächtig stolz so einen kleinen Wurm in den Armen zu halten.

Lukas kümmerte es nicht, er saß nur am Handy, bekam ein knappes Danke raus, als meine Freundin sagte sie lädt uns ein.

Irgendwann wurde es den Mädchen langweilig und bat Lukas mir doch bitte Geld zu geben, um im Kiosk Knete zu kaufen.

Vor meiner Freundin wurde heftig diskutiert, die Kinder hätten die Klappe zu halten und hätten ruhig sitzen zu bleiben.

Meine mittlere war immer so hibbelig und auf der Suche nach Aufmerksamkeit, aber das hatte Lukas nie interessiert.

Er konzentrierte sich weiter auf das Handy, grinste nebenbei immer, wenn es vibrierte.

Melanie, meine Freundin, fragte, ob sie nochmal den kleinen auf dem Arm nehmen könnte und ich ein Foto machen könnte mit Ihrem Mann zusammen drauf, ich willigte sofort ein, so eine Gelegenheit kam ja nicht so oft vor.

Zumal wir auch den Heimweg antreten wollten, Lukas musterte das Geschehen von der Seite und wartete bis ich das Foto geschossen habe, und haute meiner Freundin auf dem Arm und entriss Ihr das Kind. Er sagte sie sollte kein Wort davon erwähnen.

Ich habe von allem nichts mitbekommen.

Es kam ein Tag, denn ich nie vergessen werde.

Es war der 11.07.2017, meine Eltern hatten da ihren zwanzigjährigen Hochzeitstag.

Lukas teilte mir mit, dass ein Techniker an dem morgen kommt, um den Anschluss freizuschalten.

Ich telefonierte kurz mit Lukas hörte, wie er in einem Treppenhaus lief.

Auch die Audios waren klar und deutlich aus einem Treppenhaus, wie er mit den schweren Schuhen lief.

Später am Nachmittag, wurde mir die ganze Sache ganz komisch. Er schrieb mir, wenn es mit uns auseinander gehen sollte, ob wir uns dann jeder nach einem neuen Partner umsehen.

Mein Herz blieb stehen, ein Mann schreibt sowas ja auch nicht ohne einen Hintergedanken.

Ich fragte, ob er grad was Neues kennengelernt hat, oder Absichten dafür hat. Lukas verneinte es natürlich, aber mein Gefühl wurde flau und mir wurde schlecht.

Ich fing an bitterlich zu weinen, denn das war was faul.

Verfallen in einer leichten Depression, meine Gedanken waren nicht mehr zu Kontrollieren.

Ich fing an nachzudenken, wohin gehe ich mit den Kindern, wenn wir uns trennen, was wird dann aus der Wohnung, Freunde alles.

Lukas kam früher nach Hause, aber ich hatte keine Kraft zu kochen, er sagte das übernimmt er an den Abend.

Er saß lange mit seinem Handy auf dem Küchenboden und war wie weg. Ich fragte ob er meine Hilfe bräuchte, aber ich wurde angefahren, sollte ins Wohnzimmer gehen.

Ich fand ein Handy für meine Große, schickte ihn ein Link über das Handy, er möchte es sich gerne angucken.

Für einen Moment hatte ich sein Handy in der Hand, er wurde sehr nervös und riss es mir aus der Hand. Dabei habe ich nur die richtige anzeige rausgesucht, wo das Handy inseriert wurde.

Nun merkte ich, dass sich mein Gefühl nicht getäuscht hat.

Lukas fuhr los, besorgte das Handy und ging ins Nebenzimmer.

Ich fragte höflich, wann er denn Duschen wollte, da ich mich auch gerne frisch machen wollte.

Er brauchte länger als sonst, nahm sogar das Handy mit unter die Dusche, rasierte sich ordentlich und achtete auf jede Kleinigkeit.

44

Irgendwann wollte er, ohne ein Wort zu sagen, gegen 22 Uhr ins Bett. Ich fragte, ob er nicht bei mir schlafen könnte, da es mir auch nicht gut ginge.

Er murmelte etwas vor sich hin, und holte dann seine Bettsachen. Wir lagen dann da, ich weiß nicht mehr, wie es dazu kam, aber ich habe ihn eine Frage über das Handy gestellt, und fand zwei Dating Apps auf sein Handy.

Jetzt wusste ich, warum er die Wochen am Handy war und kaum was von mir wollte, die Aussage mit dem neuen Partner.

Ich habe ihn beleidigt, aus Wut. Ich habe ihn alles am Kopf geworfen, es war Verzweiflung, Enttäuschung und vor allem einen Vertrauensbruch.

Er sprang auf rannte mit dem Handy in den Flur, und kam kurze Zeit später wieder und gab es mir. Er meinte, ich darf mal reingucken. Aber es war alles weg, da er alles gelöscht hat.

Sein Profil, Single und sucht eine Partnerschaft, aktuelle Beschäftigung war auch drinnen. Lukas log mich an, es sei schon alles sehr alt, aber ich kannte sein Profil, bevor wir zusammengekommen sind.

Ich wollte mich grad schlafen legen, fiel mir ein nochmal seinen WhatsApp verlauf zu gucken, aber er sagte er findet sein Handy nicht.

Aber dann kam eine SMS, eine Nummer, die nicht eingespeichert war mit folgendem Inhalt.

Gute Nacht mein Schatz, träum was Schönes, ich liebe dich, melde dich, wenn du wach bist.

Ich fragte, wer sie ist, Lukas meinte man hätte sich verwählt.

Meine Meinung war klar, wir rufen da jetzt an. Lukas versuchte alles das ich es mir nochmal überlege, ich wählte die Nummer ein.

Es klingelte, Lukas flehte mich an es zu lassen, aber er hätte doch nichts zu verbergen, wenn die Person sich verwählt hat.

Ich lief zur Haustür, riss sie auf, in dem Moment machte meine Freundin Ihre Tür auch auf, ich rannte nur noch durch ihren Flur und schmiss Lukas sein Handy auf dem Boden.

Ich sah, wie es in tausende Teile gesprungen ist, ich schrie Lukas nur noch an.

Meine Freundin ging mit rüber, kümmerte sich um den kleinen.

Dann kam Lukas mit der Sprache raus, es war eine Internetbekanntschaft. Da wo das Rohr gebrochen war? Ich war sauer, wie konnte man mich nur so Hintergehen?

Er beschrieb sie, jung und arbeitslos, pinke Haare und das volle Programm. Aber es war nirgends ein Bild zu sehen.

Ich bekam an den Abend so viele Versionen zu hören, unglaublich wie man mich noch anlügen kann. Ich schlug vor mir seine Sim-Karte zu geben und mit meiner zu tauschen, ich meine ja, wenn man nichts zu verbergen hat wäre dies ja kein Problem.

Morgens bekam ich auf seine Nummer eine WhatsApp, wie viele Frauen er kennengelernt hätte und mit denen zusammen sei?

Ich dachte, ich lese nicht richtig, er war mit dieser Frau zusammen, neben mir und dann zweigleisig.

Sie fragte ob er nicht Lukas wäre, auf meine Antwort hin, dass Lukas seit über einem Jahr in einer Beziehung ist, meinte sie warum er dann auf eine

Onlineseite nach Beziehungen sucht, aber so genau wusste ich es ja auch selbst nicht.

Lukas sagte nichts dazu, lügt mich dauerhaft an. Wie soll denn dann noch eine Beziehung funktionieren? Auf Lügen? Das wäre nicht fair.

Ich fragte bei Sandra, ob ich mal mit Ihrem Handy auf die Dating Seite dürfte und fand, dann Ihr Profil, Daria und war 24 Jahre alt.

Was wollte Lukas mit sowas Junges? Reichte ich ihn nicht mehr aus?

Aber ich musste ja irgendwie mehr rauskriegen, somit gab ich mich als IT-Techniker aus und schrieb sie an. Sie erzählte das Lukas freizügige Bilder und Videos geschickt hatte, und auch sehr lange schon Single wäre. Getroffen hätten die sich aber nie.

Die beiden waren drei Wochen zusammen, nach meiner Berechnung her, direkt nach der Geburt.

Lukas streitet heute noch alles ab.

Nichts ist mehr, wie es mal war

Lukas und ich stritten uns nur noch, sogar fast täglich.

Wir haben alles versucht die Beziehung zu retten, ich organisierte eine Ambulante Therapie für Ihn, damit er sein Lügen Problem angehen konnte, aber warum er das nie angenommen hat, weiß ich bis heute nicht.

Nach seinem Fehltritt fing auch die Körperliche Gewalt an, er wurde vermehrt aggressiv, auch den Kindern gegenüber und schlug uns nur noch.

51

Er versuchte auch durch Lügen Freundschaften kaputt zu machen, mit der Hoffnung ich gehöre ihn ganz allein.

Lukas war perfekt Leute aus dem Umfeld zu manipulieren, selbst meine Familienhilfe belog er, wo er nur konnte.

Ganz zu meinem Leidwesen.

Ich begann wieder zu arbeiten, hatte viel Freude an dem Job, aber Lukas hatte dann keine Kontrolle über mich.

Teilweise musste ich mich krankmelden, obwohl ich nichts hatte, aber er wollte nicht das ich gehe.

Er fing an, sich bei meinem Chef zu melden, ob er noch Leute benötigt.

Ich bat ihn es zu lassen, denn er hatte ja seinen Job, aber da hat er schon Zuviel gelogen, und merkte das er da aufhören musste, da seine Lügen langsam aufflogen.

Überall erzählte er, er hätte ein Haus gekauft, ein neues Auto frisch vom Werk bestellt was im halben Jahr dann alles sein Eigentum ist.

Als meine Kollegin 2018 aufgehört hat, traf ich sie nochmal beim Einkaufen. Lukas war auch dabei. Da ich wusste, wo sie wohnte, konnte ich mir nach dem Gespräch auch eins und eins zusammenzählen. Er schob eine Mimik, die ihn nicht verraten sollte, mir kam einiges an Erinnerungen zurück, der Ort wo der Rohrbruch war, war in Ihrer Straße.

Lukas log mich an, beteuerte die Frau nicht zu kennen, aber blind war ich dennoch nicht.

Wie soll ich da denn jeweils wieder vertrauen können? Wie soll ich da noch alles verkraften? Was soll denn als nächstes kommen, diese Fragen stelle ich mir immer wieder aufs Neue.

Die Misshandlungen an mir, wurden immer schlimmer, irgendwann war ich schon Stammkunde in der Klinik. Irgendwann gehen auch mir die Ausreden aus. Aber gelernt zu wehren habe ich mich.

Meine Nachbarin riet mir immer wieder aufs Neue mich zu trennen, sowas wäre nicht gut für alle, aber was sollte ich denn machen?

Man denkt auch an die Kinder.

Lukas fing auch an uns zu beklauen, ständig fehlte den Kindern Geld, damit er sich Zigaretten kaufen konnte.

Jedes Mal, wenn ich ihn darauf angesprochen habe, wurde er sehr laut und aufbrausend, sodass er meine halbe Einrichtung zerschlug.

Dementsprechend musste ich sehr viel neu kaufen, auch Handys hat er von mir zerschlagen, damit ich für keinem erreichbar bin.

Quasi wollte er mich von allem abschotten. Ich wurde auch immer Misstrauischer, auch wusste ich nie was er allein macht, chattet er mit alten Bekanntschaften?

Lukas konnte nie ernst bleiben, egal wer es war, jeder der Ihn vertraut hatte, wurde belogen. Gegen schwache kam er an, aber gleichgesinnte zog er sich zurück.

Irgendwann fing er auch an in meiner Firma zu arbeiten, ich habe immer gehofft ihn umstimmen zu können, aber er blieb dabei. Zum Glück hat mein Chef uns immer getrennt eingesetzt.

Manchmal durfte er mich auch nach Hause fahren, da mein Einsatzleiter gemerkt hat, zusammen tut mir nicht gut.

Ich entwickelte in der Beziehung wieder starke Psychische Probleme, mein Körper streikte auch langsam. Ich hatte etliche
Prellungen am Körper, vom Zeh bis eine Komplette rechte Seite.

Ich kündigte daraufhin mein Job, damit Lukas seine Ruhe hat und das geschafft hat, was er die ganze Zeit wollte.

So war ich dann den ganzen Tag zuhause. Wusste auch nicht recht mit mir anzufangen.

Ich begab mich mehrmals in Therapie, weil man mir eingeredet hatte, alles ist meine Schuld. Meine Depressionen liegen an mir.

Ich lernte in der Klinik viele großartige Menschen kennen, die noch heute an meiner Seite sind, wo eine Wundervolle Freundschaft entstanden sind.

Aber meine Reißleine ist aber noch nicht gezogen. Wie soll ich es noch schaffen? Ich bin immer stark gewesen, aber mit Lukas zerbreche ich immer mehr.

Zweifel immer mehr an meinen Menschlichen Verstand, aber ich kämpfte dagegen an mich nicht von Ihm manipulieren zu lassen.

Ich suchte mir einen neuen Job, den ich auch nicht lange behalten habe, dank Lukas. Ein halbes Jahr und danach durfte ich Pflegegrad beantragen, soweit hat er mich bekommen.

In meinem alter einen Pflegegrad, sowas hätte ich auch niemals gedacht, ich war ja schließlich noch jung.

Lukas wurde alles egal, er arbeitete zwar, aber ich hing trotzdem mit allem allein da.

Er beleidigte mich zuhause immer mehr, Kontrollierte mich, indem ich nicht mehr allein Nachbarn besuchen durfte.

Sobald er sah ich war bei meiner Freundin, saß er bis zum Schluss dabei, wie sollte ich da noch mit jemanden sprechen? Mich anzuvertrauen, eventuell Tipps zu bekommen, dass leben doch noch anders zu gestalten.

Ich wollte doch nur glücklich sein, und kein Unglück nach meiner Ehe.

Wie ich meinen Absprung geschafft habe

Lukas wurde immer schlimmer, auch den Kindern gegenüber. Ich habe es nicht mehr ausgehalten.

Im Internet habe ich viel über das Thema Narzissmus gelesen, welches auf Lukas deutete, alle Merkmale passten.

Ich wurde 2018 geschieden, er drang mich immer wieder dazu ihn zu heiraten, aber ich konnte nicht. Hatte etliche Ausreden, und irgendwann hatte ich den Mut zu sagen, dass ich ihn nicht Heiraten kann, da irgendwo da draußen ein Mann ist den ich Heiraten und lieben kann.

Lukas ließ sich auch gehen, Rasierte sich nicht mehr, ihn fielen Zähne aus und fühlte sich damit noch großartig.

Er gefiel mir auch nicht mehr. In der Corona Zeit war ich froh, dass es keiner gesehen hat, wenn er zu Kunden musste. Dank der Maskenpflicht.

Viele Paare berichten, dass die Corona Pandemie Beziehungen zerstören, aber bei uns war es ein anderes Problem.

Mir hat keiner mehr zugehört, seine Mutter wimmelte mich ab, indem sie nichts davon hören oder wissen wollte, oder überhaupt keine Zeit für solche Gespräche hatte.

Meine Freundin riet mir, die Trennung durchzuziehen, denn ich habe Lukas in der Vergangenheit drei Mal von der Polizei aus der Wohnung werfen lassen, oder auch so mal rausgeworfen.

Aber immer wieder in Aufgenommen, so blöd wie ich auch war.

Wenn ich darüber nachdenke, denke ich an die Worte seines Vaters zurück.

Mädchen, du wirst nie wieder so ein Mann finden, der dich und   die Kinder so nimmt, eher fürs Bett, für mehr würde keiner was von dir wollen.

Solche Worte verletzen sehr, so bekommt man ja eingeredet, dass man für die Welt nichts mehr wert ist.

Ich blicke auf vier Jahre Horror zurück mit Lügen und Intrigen.

Aber meine Freundin gab mich niemals auf, sie machte mir klar, dass es auf andere Qualitäten im Leben ankommt, und nicht wie Lukas mich gesehen hat.

Ich habe dann meinen jetzigen Partner kennengelernt, eigentlich kennen wir uns länger, aber wir fanden in der schwierigen Zeit zusammen. Er hörte mir zu und hat mich verstanden.

Lukas wurde nochmal gefragt bei einer guten Freundin zu renovieren, wir sagten zu, und ich schrieb immer mehr mit Markus. Er wurde schnell ein Traum von mir, was bis dahin noch nicht denkbar war, dass es mal Realität wird.

Ich wurde endlich verstanden, auch mit meinen Körperlichen Einschränkungen, die ich Lukas zu verdanken habe.

Viele fragen mich, ob ich diesen Mann anzeigen möchte, aber ich bin noch nicht bereit, diesen Weg zu gehen.

Lukas ist Anfang Mai ausgezogen, mein Leid sollte nicht aufhören.

Unser vierjähriger Sohn wird mir entzogen, mit Lügen ich würde nur meine Kinder schlagen, dass Problem Lukas kann es sehr glaubhaft rüberbringen, ein professioneller Lügner. Aber seine Mutter ist auch nicht besser.

Ich habe lernen dürfen, was es heißt, wieder zu lieben, dass ich geschätzt werde, für meine Qualitäten, meine Arbeit und meine Liebe.

Mein Neuanfang

Mittlerweile sind seit der Trennung von Lukas fast zwei Jahre vergangen. Gesehen habe ich Ihn nur gelegentlich.

Er geht mir seid geraumer Zeit aus dem Weg, weil seine Mutter es Ihm verboten hat, mit mir zu reden.

Lukas plant einen Umzug zu seiner neuen Lebensgefährtin, welches ich aber nicht zustimmen möchte, denn dann verliere ich meinen Sohn endgültig.

Aufgrund seiner Mutter, verletzt Lukas seine
Pflichten als Vater.

Ich habe meinen Sohn einmal im Monat für drei
Stunden, indem ich alles mit der Oma besprechen
muss.

In den zwei Jahren geht es mir besser, ich lerne
eine neue Welt kennen ohne Gewalt und Lügen.
Auch meine Kinder wachsen ruhiger auf.

Es war die beste Entscheidung meines Lebens, die
Trennung zu vollziehen, ohne wieder zurück zu
gehen.

Ich lebe immer noch mit meinem Partner und meine
Kinder in der Großstadt, wir Respektieren uns und
so lernen wir beide uns gegenseitig zu Unterstützen
und vor allem uns Wert zu schätzen.

67

Nachtrag

Ich hätte auch nie geglaubt eine ehrliche und aufrichtige liebe erfahren zu dürfen.

Auch das ich als Frau endlich wertgeschätzt werde, und auch beweisen kann, dass ich nicht alles das bin, was Lukas über mich erzählt.

Denn ein Spruch besagt auch,

Erzähle so viele Lügen wie du willst, denn es ist genauso falsch wie die Person, die es erzählt

Wir sollten uns mehr trauen von solchen Menschen zu trennen, auch wenn es schwerfällt. Manchmal ist so ein Weg der beste, denn wir gehen können. Ich habe in den letzten Monaten so viel gelernt und werde auch noch einiges dazu lernen müssen, auch was es heißt, sich nicht alles gefallen zu lassen, auch trotz der Trennung.

Denn wir leben auch nur einmal, dass wir uns niemals zerstören lassen dürfen.

Egal wie schwer das Leben ist, es gibt immer ein Licht am Ende des Tunnels, ich habe insgesamt vier Jahre das Licht gesucht und dann gefunden.

Denn nicht wir sind schuld, sondern die Personen die krank ist, auch wenn wir probieren Ihnen Ihre

Erkrankung klarzumachen, sind immer wir die wenigen, die krank und gestört sind.

Sowas dürfen wir uns auch nie sagen lassen. Denn wir sind alle einzigartig.

Für das kurze Buch danke ich den Lesern, dass sie es bis zum Ende geschafft haben, denn es ist meine Persönliche Geschichte mit einem kranken Ex Partner, was mir ein Stück weiter hilft das Schlechte zu verarbeiten.

An meinen Sohn,

Ich möchte das du immer weißt, dass ich dich über alles Liebe.

Du bist mein Fleisch und mein Blut, für deinen Vater kannst du nichts. Aber ich wünsche mir jeden Tag, dass wir dich bald wieder fest in den Armen nehmen können.

Ich habe dich nun fast zwei Monate nicht gesehen, nicht gedrückt. Mir zerreißt es das Herz, auch das dein Vater dich nicht anrufen lässt. Ich vermisse dich so sehr mein Kind.

Ich schaue mir immer deine Bilder an, und vermisse die schöne Zeit, wie du lachst, wie herzlich du uns umarmst und wie du mir immer „Ich liebe dich meine Mama" sagst.

Ich habe Tränen in den Augen bei den Zeilen, die ich für dich schreibe, meine Hoffnungen gebe ich niemals auf.

Ich liebe dich mein Sohn.

Ich schicke dir tausend Küsse.

Deine Mama

74

Danke möchte ich sagen......

An meine beste Freundin Sandra, wir lebten vier Jahre Tür an Tür, mit Sandra und nicht mit Alice.

Dir möchte ich sehr danken, dass du immer ein offenes Ohr für mich hast. Auch wenn ich nun so weit weg wohne.

Du hast mich in den Hintern getreten, mich von Ihm zu trennen, und mich aufgefangen, wenn es mir schlecht geht. Auch konnten wir uns oft in den Arm nehmen, und heulen oder uns trösten.

Für meine Kinder bist du wie eine Tante und es wirst du auch immer bleiben.

Danke das ich ein Teil deines Lebens sein darf. Ich liebe Dich.

Meine Tochter Leonie,

du warst die stärkste von uns allem.

Auch du hast viel gemeistert, auch wenn es für uns alle der Horror war.

Ich möchte dir sagen, dass ich mächtig stolz auf dich bin, dass du trotz allem dein Weg gemeistert hast.

Das auch du jetzt zur Ruhe kommst.

Ich liebe dich mein Kind.

Meine Tochter Melli,

Du hast am meisten gelitten, aber ich bin froh, dass du wieder auf dem richtigen Weg kommst.

Du bist so ein starkes Mädchen, und du machst uns unfassbar Stolz. Zusammen schaffen wir alles.

Ich liebe Dich mein Kind.

Meinen Eltern,

auch wenn ich blind vor Liebe war, habe ich immer
die falschen Entscheidungen getroffen, aber ich
danke euch das ihr immer mir stand und auch
weiterhin hinter mir stehen werdet.

Auch wenn ich immer meinen eigenen Kopf habe,
danke ich euch für Euren Rat.

Ich liebe euch

Auch an meinen Freundeskreis....

Danke für alles, dass ihr immer ein offenes Ohr hattet. Mich nicht verurteilt habt, dass ich einen großen Fehler begangen habe. Und auch immer mit euch reden konnte, wenn was war.

Danke

Auch an meinen Schatz,

danke das du mich immer wieder auffängst, wenn ich unten bin. Das du mir ein Leben gibst, welches wir nie hatten.

Ich weiß deine Liebe sehr zu schätzen, und möchte dich auch niemals enttäuschen.

Mein Herz ist bei dir zuhause, da wo es hingehört. Danke das du meine Kinder wie deine eigenen ansiehst, und sie liebevoll mit mir aufziehst.

Danke für alles. Ich liebe Dich.